Thomas Vesting

Die Tagesschau-App und die Notwendigkeit der Schaffung eines „Intermedienkollisionsrechts"

Karlsruher Dialog zum Informationsrecht

Band 4

Karlsruher Institut für Technologie (KIT),
Zentrum für Angewandte Rechtswissenschaft
Indra Spiecker gen. Döhmann (Hrsg.)

Eine Übersicht über alle bisher in dieser Schriftenreihe erschienenen Bände finden Sie am Ende des Buches.

Die Tagesschau-App und die Notwendigkeit der Schaffung eines „Intermedienkollisionsrechts"

von
Thomas Vesting

Impressum

Karlsruher Institut für Technologie (KIT)
KIT Scientific Publishing
Straße am Forum 2
D-76131 Karlsruhe
www.ksp.kit.edu

KIT – Universität des Landes Baden-Württemberg und
nationales Forschungszentrum in der Helmholtz-Gemeinschaft

KIT Scientific Publishing 2013
Print on Demand

ISSN 2194-2390
ISBN 978-3-7315-0055-1

KARLSRUHER DIALOG ZUM INFORMATIONSRECHT

Seit Juni 2009 gibt es den „Karlsruher Dialog zum Informationsrecht" des Lehrstuhls für Öffentliches Recht, insbesondere Öffentliches Informations-, Telekommunikations- und Datenschutzrecht am Institut für Informations- und Wirtschaftsrecht des Karlsruher Instituts für Technologie (KIT).

Die Vortragsreihe richtet sich an Wissenschaft, Wirtschaft und Praxis gleichermaßen. Sie bietet ein Forum für den Austausch über aktuelle rechtliche Problemstellungen, aber auch Grundsatzfragen aus allen Bereichen des Informationsrechts. Behandelt werden daher Einzelfragen aus Spezialgebieten wie Verbraucherinformationsrecht, Telekommunikationsrecht, Datenschutzrecht oder Medienrecht. Darüber hinaus versteht die Reihe sich aber auch als ein Forum für abstrakte Themen wie die rechtliche Gestaltung der Informationsordnung, Rationalitätsfragen oder Entscheidungsverhalten. Intra- und Interdisziplinarität sind daher selbstverständlich. In diesem Sinne bietet der „Karlsruher Dialog zum Informationsrecht" Juristen aller Fächer, aber auch Vertretern interessierter Nachbarwissenschaften wie Informatik, Verhaltenswissenschaft oder Ökonomie eine Gelegenheit zum offenen, intensiven und übergreifenden Diskurs.

Die Vorträge finden mehrmals während des Semesters statt, in der Regel jeweils Dienstag, 18 Uhr 30, in Karlsruhe. Ins Leben gerufen hat die Vortragsreihe Prof. Dr. Indra Spiecker genannt Döhmann, LL.M., mit Unterstützung ihres Kollegen Prof. Dr. Thomas Dreier, M.C.L. Sie ist Inhaberin des Lehrstuhls für Öffentliches Recht, insb. Öffentliches Informations-, Datenschutz- und Telekommunikationsrecht am Institut für Informations- und Wirtschaftsrecht. Dieses Institut macht den Kern des Zentrums für Angewandte Rechtswissenschaften aus und ist beheimatet am Karlsruher Institut für Technologie (KIT), dem Zusammenschluss von Universität Karlsruhe und Forschungszentrum Karlsruhe GmbH. Es befasst sich aus öffentlich-rechtlicher wie privatrechtlicher Sicht mit allen Rechtsfragen rund um die Informationsgesellschaft.

Mit der Schriftenreihe wird den Vortragenden beim „Karlsruher Dialog zum Informationsrecht" Gelegenheit gegeben, ihren Vortrag und die Erkenntnisse der anschließenden Diskussion zu veröffentlichen, ohne den räumlichen, zeitlichen und inhaltlichen Zwängen einer Zeitschrift, eines Archivbeitrags oder eines Sammelbandes genügen zu müssen.

Karlsruhe, im Juli 2013

Prof. Dr. Indra Spiecker gen. Döhmann

EINLEITUNG

Mit der Konvergenz der Medien haben sich nicht nur neue Möglichkeiten und neue Märkte ergeben; auch das Problem einer zunehmenden Medienkonzentration hat darüber zum Teil neue Schubkraft gewonnen. Zudem sind gerade die traditionellen Medien einem neuen Druck ausgesetzt, auf die neuen Kommunikationsformen und Informationszugänge zu reagieren. Was ein Massenmedium ausmacht, ist ungewisser geworden. Gleichzeitig sind aber bestehende Grenzen der Betätigung im neuen Informationszeitalter zu wahren.

Diese Grenzen resultieren zum größten Teil aus Zeiten, in denen die Konvergenz der Medien und die daraus entstehenden Chancen und Risiken noch nicht be- und erkannt waren. So trifft die neuartige Konkurrenz zwischen dem öffentlich-rechtlichen Rundfunk und privaten Presseverlagen, die überhaupt erst durch die Angebote des Internets möglich geworden sind und durch die zunehmende mobile Verfügbarkeit des Internets noch einmal verschärft worden ist, auf Regelungen etwa des Rundfunkstaatsvertrags, die auf gänzlich andere Vorstellungen von Konkurrenz und Wettbewerb zwischen den verschiedenen Medien ausgerichtet waren.

So begrenzt der Rundfunkstaatsvertrag in § 11 d Abs. 2 Nr. 3 das Angebot „nicht-sendungsbezogener presseähnlicher Angebote" durch den Rundfunk; unklar ist aber, ob diese Norm eine geeignete und verfassungsgemäße Grundlage zur Regulierung der neuartigen Online-Konkurrenz zwischen Presse und Rundfunk darstellt und wie die einzelnen Kriterien, allen voran der Begriff des presseähnlichen Angebots, näher zu bestimmen sind und woraus Vergleichsmaßstäbe resultieren.

Der bekannte Medienrechtler Prof. Dr. Thomas Vesting von der Goethe-Frankfurt a.M. diskutiert diese und weitere Fragen und beleuchtet vor grund dieser Konstellation das ganz grundsätzliche Fehlen eines von ihm so ge nannten „Intermedienkollisionsrechts". Dabei werden auch Überlegungen zu den dahinterstehenden Netzwerken und deren Potential zur Problemintensivierung nicht außer Acht gelassen.

Karlsruhe, im Juli 2013

Indra Spiecker gen. Döhmann

DIE TAGESSCHAU-APP UND DIE NOTWENDIGKEIT DER SCHAFFUNG EINES „INTERMEDIENKOLLISIONSRECHTS"[1]

PROF. DR. THOMAS VESTING[2]

I.

Zur Bedeutung des Programms für die verfassungsrechtliche Stellung des öffentlich-rechtlichen Rundfunks

Der öffentlich-rechtliche Rundfunk ist von seiner Genese her wie seiner Struktur nach Programmrundfunk. Auf der Veranstaltung eines Programms, der Veranstaltung einer redaktionell geplanten und chronologisch getakteten Abfolge von identifizierbaren Sendungen (vgl. § 2 Abs. 2 Nr. 1 RStV), ruht seine besondere rechtliche Stellung. Das gilt auch und gerade in rundfunkverfassungsrechtlicher Hinsicht: Erst das linear aufgebaute Programm und die durch das Programm vorgenommene Strukturierung und Bündelung von Themen von allgemeinem Interesse machen den öffentlich-rechtlichen Rundfunk bis heute zu einem Faktor der öffentlichen Meinungsbildung.[3] Auf der Reproduktion einer intakten (politischen) Öffentlichkeit beruht wiederum die Kultur der Demokratie, deren offene Verkehrsformen in Deutschland erstmals im Laboratorium Weimar erprobt wurden und zu deren Schutz und Entwicklung der öffentlich-rechtliche Rundfunk seit Gründung der Bundesrepublik einen Beitrag leisten soll. Die Vorstellung eines offenen Systems „des Verkehrs zwischen unverbundenen Menschen"[4] ist zugleich für die institutionelle Architektur des öffentlich-rechtlichen Rundfunks prägend. Der öffentlich-rechtliche Rundfunk ist aus einer gruppenpluralistischen Modellierung der Idee einer liberalen Demokratie hervorgegangen; besonders über seine Anstaltsverfas-

---

[1] Aktualisierte und mit Fußnoten versehene Fassung eines am 29.01.2013 gehaltenen Vortrags im Rahmen des Karlsruher Dialogs zum Informationsrecht.

[2] Der Autor ist Professor für Öffentliches Recht, Recht und Theorie der Medien an der Johann Wolfgang Goethe-Universität in Frankfurt am Main.

[3] Zum Zusammenhang von Programm und Faktorfunktion des Rundfunks vgl. nur BVerfGE 12, 205, 260; 57, 295, 320, 322 (Gesamtprogramm); 119, 181, 217; vgl. auch *Hoffmann-Riem*, Kommunikations- und Medienfreiheit, in: ders., Offene Rechtswissenschaft, 2010, 659 ff., 676 („Freiheit publizistischer Vermittlung"); allg. *Rossen*, Freie Meinungsbildung durch den Rundfunk, 1988.

[4] *Plessner*, Grenzen der Gemeinschaft (1924), hier zitiert nach *Lethen*, Verhaltenslehre der Kälte, 1994, 44.

sung bildet er statistische „Gruppenwahrscheinlichkeiten" in dem Sinne ab,[5] dass die Wahrnehmungen, Werte, Weltbilder, Lebensformen und Interessen der für eine pluralistische Demokratie relevanten Gruppen und Organisationen in seinem Programm zum Ausdruck kommen (können). Das wurde im Rundfunkrecht früher mit dem Begriff des „Binnenpluralismus" bezeichnet.[6]

Seit der Einführung des privaten Rundfunks steht die Logik des binnenpluralistischen Programmrundfunks vor großen Herausforderungen. Der Übergang vom öffentlich-rechtlichen Monopol zur dualen Rundfunkordnung hat sich auch im öffentlich-rechtlichen Rundfunk in einer Veränderung des Gesamtprogramms niedergeschlagen, das in immer mehr Programme und Programmschienen (dritte Programme, Kulturprogramme, digitale Kanäle etc.) aufgelöst worden ist. Das gilt in besonderer Weise für den Hörfunk. Der Aufstieg des Internets verstärkt diese Bewegung der Zerstreuung und Fragmentierung der Rundfunköffentlichkeit in relativ kleine und relativ kurzlebige Meinungsforen ein weiteres Mal, denn das Neue der Internetkommunikation gegenüber dem herkömmlichen Programmrundfunk liegt nicht zuletzt darin, dass diese durch kein geplantes Gesamtprogramm mehr bestimmt ist. Vielmehr wird das neue Netzwerk aus Medien durch dezentrale und zerstreute Möglichkeiten des Abrufs von Seiten und die immer neue Herstellung von individuellen Verknüpfungen getrieben, die neben das Modell des zeitlich und sachlich gebündelten Angebots treten und die Bedeutung der Programmstruktur der klassischen Massenmedien Radio und Fernsehen damit insgesamt relativieren.[7] Als Reaktion darauf hat sich neben der dualen Rundfunkordnung innerhalb der Mantelstruktur des Rundfunkstaatsvertrages inzwischen ein weiteres medienrechtliches Regulierungsregime der Onlinemedien herauszubilden begonnen.

II.

Thematischer Überblick und Hauptthesen

An diesen neuen diskontinuierlichen und fragmentierten Online-Öffentlichkeiten muss sich auch der öffentlich-rechtliche Rundfunk beteiligen können. Die Dyna-

---

[5] Vgl. *Ladeur*, Die Netzwerke des Rechts und die Evolution der „Gesellschaft der Netzwerke", in: Bommes/Tacke (Hrsg.), Netzwerke in der funktional differenzierten Gesellschaft, 2010, 143 ff., 147; aus der älteren Literatur vgl. nur *Krüger*, Der Rundfunk und die politisch-sozialen Gruppen, Rundfunk und Fernsehen 1955, 365 ff.

[6] Vgl. nur BVerfGE 57, 295, 325; vgl. auch *Vesting*, Prozedurales Rundfunkrecht, 1997, 140 ff.

[7] *Nicolas Negroponte*, Gründer des MIT's Media Lab, hat in diesem Zusammenhang bereits vor Jahren von der Emergenz eines medialen „Daily-Me" gesprochen. Vgl. dazu allg. *Sunstein*, Republic.com 2.0, Princeton u.a. 2001, 7.; vgl. dazu auch *Lenski*, Die Tagesschau-App am Scheideweg des Medienwettbewerbsrechts, Die Verwaltung 2012, 465 ff., 479 ff.

mik der „Individualisierung" der Netzkommunikation jenseits der herkömmlichen Wahrscheinlichkeiten des Gruppenpluralismus hat jedoch weitreichende medienrechtliche und medienverfassungsrechtliche Konsequenzen. Einige dieser medienrechtlichen und verfassungsrechtlichen Konsequenzen sollen hier am Beispiel der Tagesschau-App demonstriert werden. Um folgende Thesen soll es im Wesentlichen gehen: Die Tagesschau-App ist als Komponente des Telemedienangebots der ARD nicht ohne weiteres Teil der über Art. 5 Abs. 1 Satz 2 GG geschützten Programmautonomie des öffentlich-rechtlichen Rundfunks, und sie wird auch nicht von der herkömmlichen (programmbezogenen) Bestands- und Entwicklungsgarantie des öffentlich-rechtlichen Rundfunks erfasst. Vielmehr stellt die Tagesschau-App ein zusätzliches Angebot neben dem herkömmlichen Rundfunkprogramm dar (vgl. § 11 a Abs. 1 RStV). Für zusätzliche Online-Angebote können sich die öffentlich-rechtlichen Anstalten auch künftig auf die institutionelle oder objektiv-rechtliche Komponente der Rundfunkfreiheit des Art. 5 Abs. 1 Satz 2 GG berufen. Die Normen und Verfahren, mit denen der Rundfunkgesetzgeber die Beteiligung des öffentlich-rechtlichen Rundfunks in der neuen, herkömmliche Grenzen überschreitenden (hybriden) Breitbandumwelt festlegt, entsprechen aber keineswegs einer herkömmlichen Ausgestaltung der *Rundfunk*ordnung, wie sie als staatliche Einrichtung von Vielfalt durch Organisation und Verfahren in der Vergangenheit bestimmt worden ist. § 11 d Abs. 2 Nr. 3 RStV hat deshalb nicht den Charakter einer klassisch rundfunkrechtlichen Ausgestaltungsgesetzgebung, sondern muss als intermediale Kollisionsregel für das neue Netzwerk der Medien qualifiziert werden, als eine Art Ausgestaltung zweiter Ordnung, die den jeweiligen Optionsraum der unterschiedlich gewachsenen Ordnungen von Presse und Rundfunk im neuen Netzwerk der Medien überhaupt erst festlegt.

III.

Die Stellung der Online-/Telemedien im Rundfunkstaatsvertrag

Onlinedienste, die in der gesetzlichen Terminologie des Rundfunkstaatsvertrages als „Telemedien" bezeichnet werden (§§ 2 Abs. 1 Satz 3, 54 ff. RStV), sind weder Teil der Rundfunkregulierung im engeren programmbezogenen Sinn noch Teil des Rundfunkprogramms der öffentlich-rechtlichen Rundfunkanstalten. Davon geht der Rundfunkstaatsvertrag aus. Zwar sind die für zusätzliche Telemedienangebote der öffentlich-rechtlichen Anstalten einschlägigen Regelungen der §§ 11 a–f RStV, insbesondere der Drei-Stufen-Test (§ 11 f RStV) und das Verbot presseähnlicher Angebote (§ 11 d Abs. 2 Nr. 3 RStV), systematisch gesehen vielleicht etwas unglücklich im zweiten Abschnitt des Rundfunkstaatsvertrages, in den Vorschriften für den öffentlich-rechtlichen Rundfunk untergebracht. Wie § 2 Abs. 1 Satz 3 i.V.m. §§ 54 ff. RStV jedoch zeigt, hat der Gesetzgeber die Regulierung von Programmrundfunk und Telemedien der Sache nach aufgespalten: Er unterscheidet seit dem 12. RÄndStV scharf zwischen linearen (gebündelten) und sonstigen (nicht-linearen, nichtgebündelten) Angeboten; seit dem 9. RÄndStV heißt der Rundfunkstaatsvertrag deshalb auch Staatsvertrag für „Rundfunk und Telemedien". Diese Unterscheidung knüpft an europarechtliche Vorgaben aus der Richtlinie für audiovisuelle Medien an und setzt sie in spezifischer Weise um: § 2 Abs. 1 RStV trennt den Rundfunk als „linearen" Dienst für den „zeitgleichen Empfang" entlang eines „Sendeplans" von sonstigen elektronischen Informations- und Kommunikationsdiensten und unterwirft letztere, die Telemedien, einer presserechtlichen Minimalregulierung. Diese Regulierung verweist auf das Modell einer „negativen" Presseordnung, die vom Vorrang einer vom Staat unabhängigen, ihre eigenen Regeln und Organisationsformen erzeugenden Medienöffentlichkeit ausgeht, die auf einer privatwirtschaftlichen Struktur dezentraler subjektiver Entscheidungsrechte aufruht, wie sie grundrechtsdogmatisch in der (keineswegs unproblematischen) Vorstellung der Grundrechte als Abwehrrechte abgebildet wird.

Damit ist seit dem 9. RÄndStV eine einschneidende gesetzgeberische Veränderung in die Struktur des Rundfunkstaatsvertrages eingetragen und im 12. RÄndStV verschärft worden, die europarechtlich keineswegs allesamt in dieser Form zwingend vorgegeben war, die in der medienrechtlichen Diskussion aber immer noch zu wenig zur Kenntnis genommen wird. Der Kern des programmbezogenen Rundfunkstaatsvertrags bestand immer und besteht weiterhin in einer präventiven staatlichen Zulassungskontrolle mit Erlaubnisvorbehalt (§§ 20 ff. RStV), an die sich eine konzentrationsrechtliche Überprüfung von Medienunternehmen anschließt (§§ 25 ff. RStV). Demgegenüber erfolgt die Regulierung der Telemedien nach dem presserechtlichen Modell einer „negativen" Ordnung: Telemedien sind – wie Presseerzeugnisse und in einem augenfälligen Unterschied zum Rundfunk – grundsätzlich zulassungs- und anmeldefrei (§ 54 Abs. 1 RStV) und finden ihre Schranken darüber hinaus ausschließlich in den allgemeinen Gesetzen, kennen also beispielsweise keine spezifisch medienrechtliche Werberegulierung (§ 54 Abs. 1 Satz 2 RStV). Hiermit bringt der Gesetzgeber für die Telemedien den Vorrang der freien Selbstorganisation der neuen personalisierten Netzöffentlichkeiten zum Ausdruck, einer Öffentlichkeit von Öffentlichkeiten, die ihre kommunikativen Ereignisse und Strukturen über unüberschaubar verzweigte und zerstreute (dezentrale) Prozesse der Entscheidungs- und Regelbildung in unterschiedlichsten Foren und vielgestaltigen Formen (Facebook, Twitter, Blogs/Foren, YouTube, Ebay etc.) „spontan" produziert und reproduziert,[8] nicht aber länger als auf öffentlich-rechtliche Vorstrukturierungsleistungen durch große gesellschaftliche Gruppen und Organisationen angewiesen gedacht wird.

Durch diese einschneidende gesetzgeberische Veränderung ist der Rundfunkstaatsvertrag zu einer Art Mantel für die Regulierung sowohl des sogenannten dualen

---

[8] Vgl. *Hoffmann-Riem*, Regelungsstrukturen für öffentliche Kommunikation im Internet, AöR 2012, 509 ff., 513.

Rundfunksystems wie der Telemedien geworden. Bei genauerem Hinsehen entpuppt sich der Rundfunkstaatsvertrag also eher als Form der Regulierung eines Netzwerks von linearen und nicht-linearen Angeboten denn als Form der Regulierung *eines* homogenen und einheitlichen „Systems". Vom Regulierungsregime der Telemedien, wie es in § 2 Abs. 1 i.V.m. §§ 54 ff. RStV verwendet wird, werden auch die den öffentlich-rechtlichen Rundfunk betreffenden Vorschriften zur Veranstaltung von Telemedien (§§ 11 a–f RStV) erfasst: Angebote des öffentlich-rechtlichen Rundfunks sind primär Fernseh- und Hörfunk*programme* und sekundär Telemedien nach *Maßgabe* des Rundfunkstaatsvertrages (vgl. auch § 11 d RStV). Dass neue und veränderte Telemedienangebote der öffentlich-rechtlichen Rundfunkanstalten einem anstaltsinternen Zulassungsverfahren unter Beteiligung des Rundfunkrates unterworfen werden (sog. Drei-Stufen-Test, § 11 f RStV), betrifft die Modalitäten der verfahrensförmigen Zulassung solcher Angebote, nicht aber eine vermeintliche Zuordnung der Telemedien zum herkömmlichen Programmrundfunk (und die daran geknüpften verfassungsrechtlichen Privilegierungen). Genau diese Automatik wird vom Rundfunkgesetzgeber mit der Trennung von Rundfunk- und Telemedienregulierung ja gerade ausgeschlossen.

IV.

Presseähnlichkeit der Tagesschau-App?

Der grundlegende Bruch, der mit der dynamischen Entwicklung des neuen Netzwerks der Medien einhergeht, wirft erhebliche Abgrenzungsschwierigkeiten im Hinblick auf die Einordnung der neuen Medienangebote in die herkömmlichen, seit dem späten 19. Jahrhundert gewachsenen medienrechtlichen Regime – Presserecht, Rundfunkrecht, Filmförderungsrecht – auf. Diese Abgrenzungsschwierigkeiten hängen damit zusammen, dass das neue Netzwerk der Medien, das Internet, sowohl die dem Grundgesetz in Art. 5 Abs. 1 Satz 2 zugrundeliegenden Unterscheidungen zwischen Rundfunk-, Presse- und Filmfreiheit wie auch die daran anknüpfenden Regulierungsregime der Mediengesetzgeber in den Ländern und im Bund (Filmförderung) unterläuft. Damit wird eine Abgrenzung der unterschiedlichen Medien durch die Verwendung von einfachrechtlichen oder verfassungsrechtlichen Grenzbegriffen wie körperlich/körperlos unmöglich. Man kann dann beispielsweise nicht mehr formulieren, dass der verfassungsrechtliche Begriff der Presse durch das Merkmal des Pressens/Druckens bzw. des verkörperten Druckwerks bestimmt wird.[9] Selbst wenn man darunter alle Verfahren versteht, die „zum visuellen Ein-

---

[9] So in der Tendenz etwa *Papier/Schröder*, Rechtsgutachten zur Abgrenzung der Rundfunk- und Pressefreiheit zur Auslegung des Begriffs der „Presseähnlichkeit" und Anwendung des Verbots nicht sendungsbezogener presseähnlicher Angebote gemäß § 11 d Abs. 2 Nr. 3 Hs. 3 RStV (unter Berücksichtigung der Frage der Verfassungsmäßigkeit

druck des „gedruckten Wortes" führen",[10] wie etwa die gedruckte Zeitung im pdf-Format, würden die neuen Formen des elektronischen Online-Journalismus bei einem rein auf das Pressen/Drucken abstellenden Diskurs pressegrundrechtlich schutzlos gestellt. Das wiederum wäre eine Auffassung, die mit der der institutionellen Dimension der Pressefreiheit immanenten Entwicklungsoffenheit der Presse, ihrer Offenheit für den Wandel, unvereinbar wäre. Wenn sich die Presse heute partiell von der Technologie des Druckens löst und Teile ihrer Aktivitäten in elektronische Netzwerke verlagert, um dort mit neuen Formen und Formaten zu experimentieren (Bild.de, Spiegel-Online, Focus-Online, Die Welt, Süddeutsche.de, FAZ.net etc.), müssen diese neuen Formen und Formate vom Schutz der Pressefreiheit und ihrer freien Entwicklungsmöglichkeiten als umfasst angesehen werden. Das kann auch deshalb nicht anders sein, weil das Online-Geschäft die Tradierung einer Marke in das neue Medium hinein voraussetzt und diese Möglichkeit muss auch Presseunternehmen und ihren (Online-)Produkten offenstehen, ohne dass sie damit zu „Rundfunkunternehmern" werden (müssen).[11]

Die große Schwierigkeit, Online-Medien in die bisherigen Grundrechts- und Regulierungsregime einzuordnen, zeigt auch und gerade der Fall der Tagesschau-App. Dazu zunächst eine Vorbemerkung: Bei der Einordnung der Rechtsnatur der Tagesschau-App ist davon auszugehen, dass es sich um eine Komponente eines einheitlichen Angebots für das neue Netzwerk der Medien handelt. Diese Einordnung lässt sich nur in einer Gesamtschau vornehmen, weil tagesschau.de und Tagesschau-App als Ganze in Konkurrenz zu den anderen Online-Angeboten der am Markt agierenden Pressehäuser treten. Es ist also die App in ihrem Gesamtformat zu beurteilen, nicht einzelne Beiträge.[12] Dabei ist unbeachtlich, dass tagesschau.de und Tagesschau-App technisch unterschiedlich aufbereitet werden, damit sie mit Smartphone und Tablet-PC möglichst optimal nutzbar sind. Diese Differenz betrifft letztlich nur den Abruf bzw. Ausspielweg zum Empfang des Telemedienangebots, nicht die Gestaltung und den Inhalt des Angebots selbst. Aber gerade eine Gesamt-

---

der Regelung und ggf. Korrekturnotwendigkeit des Staatsvertrags in Bezug auf programmgestaltende Verbote), Umdruck 2010, S. 3.

[10] *Herzog*, in: Maunz/Dürig, GG, Art. 5 I GG, Stand: 20. EL, Rn. 130/131.

[11] Vgl. *Gersdorf*, Verbot presseähnlicher Angebote des öffentlich-rechtlichen Rundfunks, AfP 2010, S. 421 ff., 423 (nicht nur der Rundfunkbegriff, sondern auch die Pressegarantie des Art. 5 Abs. 1 Satz 2 GG ist entwicklungsoffen und dynamisch zu interpretieren); *Ladeur*, Pressefreiheit, in: Hamburger Kommentar zum Medienrecht, 2008, Rn. 1, 10, 18, 19; anders *Papier/Schröder*, Rechtsgutachten Umdruck, 2010, S. 32; anders wohl auch *Bethge*, in: Sachs, GG, 6. Aufl., Art. 5 Rdn. 69, 88; und *Schulze-Fielitz*, in: Dreier, GG, Art. 5 Rdn. 90 (beide erkennen das Bedürfnis nach einem erweiterten Grundrechtschutz an, wollen Online-Medien bzw. Pressebetätigung im elektronischen Bereich aber generell der Rundfunkfreiheit zuordnen).

[12] Anders wohl *Schulz*, in: Hahn/Vesting, Beck'scher Kommentar zum Rundfunkrecht, 3. Aufl., § 2 RStV, Rn. 172; auch *Gersdorf* (Fn. 11), S. 421 ff., 434.

schau wirft die Frage auf, in welches medienrechtliche Regime die Tagesschau-App eingeordnet werden soll. Ist die Tagesschau-App ein presseähnliches Angebot? Oder sind nicht umgekehrt die Webseiten der Presseverlage wie Spiegel-Online, faz.net und bild.de rundfunkähnliche Dienste?

Wenn man so fragt, wird deutlich, dass § 11 d Nr. 3 RStV, soweit er von „*presse-ähnlichen* Angeboten" spricht, sprachlich wie sachlich missglückt ist. Zumindest hat der Gesetzgeber mit dem Begriff der „Presseähnlichkeit" ein schwer operationalisierbares Abgrenzungskriterium gewählt.[13] Das hängt damit zusammen, dass es bei der Tagesschau-App wie bei allen neuen elektronischen Online-Angeboten letztlich nicht um die Entwicklung presse*ähnlicher* oder rundfunk*ähnlicher* Angebote geht, sondern um die Entwicklung neuartiger *webpages*, um die Evolution eines neuartigen Online-Journalismus. Kennzeichnend für diesen Online-Journalismus sind bislang unbekannte Kombinationen unterschiedlicher medialer Traditionen, medialer Komponenten und Gestaltungsmöglichkeiten, sind Verknüpfungen aus Text, Ton und Bild, aus Standbild, Bewegtbild, Audios, Videos, links, blogs etc. Webseiten, gerade weil sie dynamisch angelegt sind und im Unterschied zu gedruckten Seiten ständig überschrieben werden können (ohne, wie im Fall der traditionellen Presse, ein „Extrablatt" zu benötigen), lassen sich deshalb weder dem herkömmlichen Presseformat noch dem herkömmlichen Rundfunkformat zuordnen, sie sind vielmehr etwas Neues, eben Online-Angebote, Internetnachrichtenportale.

Das Neue dieser Portale wird besonders deutlich, wenn man die veränderte Materialität des Mediums Internet bei dieser Betrachtung mit berücksichtigt: Die traditionelle Presse war ein Produkt des Buchdrucks, ihre klassische Distributionsform war körpergebunden, wohingegen das Fernsehen ein Produkt der frühen (analogen) Elektronik war, deren Verbreitung mittels unsichtbarer körperloser Schwingungen erfolgte. Webseiten wie tagesschau.de gibt es dagegen nur im technischen Medium des Internet und seiner Verbreitungstechnologie, also weder gedruckt noch im Medium der Braunschen Röhre. Webseiten sind mit anderen Worten mit einer neuen digitalen Produktions- und Verbreitungstechnologie und der dadurch möglich werdenden Gestaltungsformen und Formate verbunden, sie ruhen auf einem neuartigen Medium, einem neuartigen System der Informationsverarbeitung. Man kann nicht von der Papier-FAZ zur SZ klicken, genauso wenig, wie man sich von einem Fernsehapparat aus in mobile.de einwählen kann, solange es sich nicht um ein Hybrid- oder Connected-TV handelt.

Diese Überlegungen legen ernsthafte Zweifel an der Verfassungsmäßigkeit des § 11 d Abs. 2 Nr. 3 RStV nahe. Das Problem der neuartigen Konkurrenz zwischen

---

[13] Vgl. den umfangreichen Konkretisierungsversuch bei *Papier/Schröder* (Fn. 9), S. 27 ff.; kritisch auch *Ladeur*, „Presseähnliche" Online-Dienste der Öffentlich-Rechtlichen,Telemedicus, 8.11.2010, unter 6.

Presse und Rundfunk im Feld des Online-Journalismus kann jedenfalls nicht am herkömmlichen Zeitungsformat festgemacht werden. § 2 Abs. 2 Nr. 20 RStV, der unter presseähnlichen Angeboten nicht nur elektronische Ausgaben von Printmedien subsumiert, sondern alle journalistisch-redaktionell gestalteten Angebote, die nach Gestaltung und Inhalt Zeitungen oder Zeitschriften entsprechen, dürfte daher keine Festlegung auf verkörperte Zeitungsformate und ihre formalen Merkmale wie Einteilung in verschiedene Bücher (Politik, Wirtschaft, Feuilleton), spaltige Darstellung, typographische Differenzierung von Überschriften und Text etc. entnommen werden können. Eine solche Interpretation würde der Dynamik des neuen Netzwerks der Medien nicht gerecht und wäre mit der institutionellen Garantie der freien Presse unvereinbar. Dass der Gesetzgeber von „Presseähnlichkeit" spricht, kann allenfalls bedeuten, dass er den evolvierenden Online-Journalismus eher der Tradition der Presse als der Tradition von Hörfunk und Fernsehen zuordnet.

Entgegen der Auffassung des LG Köln muss also von einer dynamisch zu verstehenden Befugnis der Presseverlage ausgegangen werden, ihr eigenes Angebot im Netz zu erweitern, das tradierte druck- und papiergebundene Presseformat hinter sich zu lassen und mit neuen Formen und Nachrichtenformaten zu experimentieren und dabei auch neue Nutzungsmöglichkeiten zu testen.[14] Das gilt jedenfalls für die großen Tageszeitungen und ihr daran anknüpfendes Online-Angebot, mit denen die Tagesschau-App unmittelbar konkurriert. Die großen Tageszeitungen bilden mit ihren ausführlichen Informationsteilen eine zentrale Komponente im und für den Prozess der Reproduktion einer politischen Öffentlichkeit. Den Verlagen kann daher nicht das durch die Pressefreiheit des Grundgesetzes geschützte Recht abgesprochen werden, die kontinuierlichen Verluste im Offline-Geschäft, den Rückgang der Werbeerlöse und der Abonnentenzahlen, durch Experimente mit neuartigen Online-Angeboten zu substituieren. Die Pressefreiheit ist also entwicklungsoffen und dynamisch zu interpretieren; sie wird, wie auch die Rundfunkfreiheit, nicht durch einen stabilen Signifikanten getragen, sondern schließt die Möglichkeit einer prinzipiell unendlichen Sinn-Verschiebung und Sinn-Verrückung ein.[15] Nur so kann die Pressefreiheit unter veränderten Umständen mit frischen Bedeutungen versorgt und vor Erstarrung geschützt werden.

---

[14] Vgl. LG Köln, Urteil vom 27.09.2012, 31 O 360/11, Beck RS 2012, 20334, 7; dazu *Hain/Brings*, Die Tagesschau-App vor Gericht WRP 58 (2012), 1495 ff.

[15] Ebenso *Gersdorf* (Fn. 11), S. 423 ff. m.w.N.; zum methodologischen Hintergrund vgl. *Friedrich Müller*, Syntagma, 2012, S. 79 ff., 102; vgl. auch *Vesting*, Zuhören ist Lesen mit dem Ohr, in: Ladeur/Augsberg, Talmudische Rechtstradition und moderne Rechtstheorie, 2013, S. 181 ff.

V.

Die neuartige intermediale Konkurrenz zwischen Pressehäusern rechtlichen Rundfunkanstalten

Wenn man bei der Lösung der durch die Tagesschau-App aufgeworfenen Rechtsprobleme in dieser Weise ansetzt, dann zeigt sich die neuartige Konkurrenzsituation zwischen Pressehäusern und öffentlich-rechtlichen Rundfunkanstalten im Internet in aller Deutlichkeit. Diese neuartige intermediale Konkurrenz zwischen Presse und Rundfunk, deren „friedliche Koexistenz" in der Vergangenheit durch eine Art publizistischer Gewaltenteilung garantiert war, lässt die Frage der Zulässigkeit der Tagesschau-App doch von vornherein in einem anderen Licht erscheinen als wenn man dieses Problem rein „rundfunkrechtlich" behandeln würde. Und selbst wenn man in der Tagesschau-App verfassungsrechtlich Rundfunk im weiteren Sinne sehen wollte, zeigt sich, dass die Frage der Zulässigkeit der Tagesschau-App doch nur angemessen unter Einbeziehung der verfassungsrechtlichen Stellung der Presse und ihrer Entwicklungsmöglichkeiten im neuen Netzwerk der Medien beurteilt werden kann.

Das Grundgesetz setzt in Art. 5 Abs. 1 Satz 2 ein differenziertes Netzwerk von Medien voraus, nicht aber kann ein Grundrecht, die Rundfunkfreiheit, alle anderen überstrahlen und ihre Bedeutung in einer hierarchischen Konstruktion nivellieren. Im Fall der Tagesschau-App müssen bei einer gesetzgeberischen Ausgestaltung der Rolle der öffentlich-rechtlichen Rundfunkanstalten im neuen Netzwerk der Medien die Grundrechtspositionen der Presseunternehmen berücksichtigt werden. Sie können nicht einfach zur Disposition des Rundfunkgesetzgebers stehen. Das ist an sich keine neue Situation, denn die Notwendigkeit einer Abstimmung unterschiedlicher konkurrierender Grundrechtspositionen (und der mit ihr verknüpften Rationalitäten und Interessen) hat sich früher auch schon bei der Ausgestaltung der dualen Rundfunkordnung gezeigt: Zwar hat das Bundesverfassungsgericht dem Gesetzgeber im Rahmen der Schaffung einer positiven Rundfunkordnung das Recht zugebilligt, das Rundfunksystem als duale Ordnung auszugestalten, aber das Gericht hat auch darauf insistiert, dass in dem Moment, wo der Gesetzgeber die Veranstaltung privaten Rundfunks zulässt, dieser nicht Bedingungen unterworfen werden darf, die seine privatautonomen wirtschaftlichen Entfaltungsmöglichkeiten unverhältnismäßig stark einschränken würden.[16] Dies deutet darauf hin, dass die herkömmliche Aus-

---

[16] Vgl. nur BVerfGE 73, 118, 171 („Die binnenpluralistische Organisation, wie sie die öffentlich-rechtlichen Rundfunkanstalten kennzeichnet, ist daher ungeachtet der Schwächen, die auch ihr anhaften, in höherem Maße geeignet, gleichgewichtige Meinungsvielfalt zu gewährleisten und damit den Anforderungen der Rundfunkfreiheit zu entsprechen, als eine Rundfunkorganisation, in der nur die materiell-rechtliche Verpflichtung zu inhaltlicher Pluralität besteht und die insoweit durch eine externe Einrichtung kontrolliert wird. Daraus läßt sich indessen nicht der Schluß ziehen, daß die verfassungs-

gestaltungsdogmatik, die eine staatliche Vorgabe für die Organisation von Vielfalt im Rahmen einer „positiven Ordnung" artikuliert, im Fall der Tagesschau-App genauer auf das Beziehungsgefüge zwischen Rundfunk und Presse abgestimmt werden muss. Sie muss vor allem die Überlappungen und Überwirkungen innerhalb des herkömmliche Grenzen aufhebenden Netzwerks aus Medien in den Blick nehmen und zu einer neuartigen Dogmatik eines „Intermedienkollisionsrechts" weiterentwickelt werden.[17]

Diese Überlegung hat nicht zuletzt zur Konsequenz, dass das Modell der positiven Rundfunkordnung samt seiner gruppenpluralistischen Ausgestaltung nicht auf das neue Netzwerk der Medien übertragen werden kann, ohne selbst transformiert zu werden. § 11 d Abs. 2 Nr. 3 RStV hat nicht den Charakter einer klassisch rundfunkrechtlichen Ausgestaltungsgesetzgebung, sondern muss als intermediale Kollisionsregel für das neue Netzwerk der Medien qualifiziert werden, als eine Art Ausgestaltung zweiter Ordnung, die den jeweiligen Optionsraum der unterschiedlich gewachsenen Ordnungen von Presse und Rundfunk im neuen Netzwerk der Medien überhaupt erst festlegt. Im Vordergrund stünde hier die Notwendigkeit, die „miteinander kollidierenden, sich überlappenden, konkurrierenden, einander aufhebenden Sprachspiele", die mit den neuen Online-Medien in Gang gesetzt werden, „in ihrer Vielschichtigkeit zu erhalten."[18] Es ginge also darum, für das neue Netzwerk aus Medien eine „Intermedienkollisionsordnung" als Form des Zusammenspiels unterschiedlicher Grundrechtsperspektiven zu schaffen, in der „keine der konkurrierenden Rationalitäten einen unbedingten Vorrang erhält", sondern allen „auch im Konflikt möglichst weitgehende Geltung verschafft wird."[19] Dafür muss

---

rechtlich gewährleistete Rundfunkfreiheit auch für private Veranstalter eine entsprechende binnenpluralistische Organisation gebiete. Zwar wäre eine solche Organisationsform, wie mehrfach entschieden, verfassungsmäßig; aber der maßgebliche Einfluß läge in diesem Fall nicht bei dem Unternehmer, sondern bei den gesellschaftlichen Kräften, die in dem binnenpluralistischen Gremium repräsentiert sind. Damit wäre diese Form der Veranstaltung von Rundfunksendungen um das Grundelement privatautonomer Gestaltung und Entscheidung und damit um ihre eigentliche Substanz gebracht. Es ginge aber nicht an, privaten Rundfunk nur unter Voraussetzungen zu ermöglichen, die eine Veranstaltung privater Programme in hohem Maße erschweren, wenn nicht ausschließen würden.").

[17] Vgl. *Ladeur*, Ein „Leistungsschutzrecht" für Presseverlage und die Rechtsverfassung der Internetkommunikation, AfP 43 (2001), S. 420 ff., 422 (spricht von der Notwendigkeit der Entwicklung eines publizistischen Wettbewerbsrechts, das auch als „Intermedienwettbewerbsrecht" bezeichnet wird); vgl. auch *Lenski* (Fn. 7), 465 ff., 484 ff. 488.

[18] *Ladeur*, Das Medienrecht und die Ökonomie der Aufmerksamkeit, 2007, S. 217 (im Kontext der Kollision von Kunstfreiheit und Persönlichkeitsrechten).

[19] *Joerges/Rödl*, Zum Funktionswandel des Kollisionsrecht II, in: Callies/Fischer-Lescano/Wielsch/Zumbansen, Soziologische Jurisprudenz, FS Teubner, 2009, S. 765 ff., 766

nach Kollisionsregeln oder einer „Kollisionsnormbildung" gesucht werden, die über situative Abstimmungen etwa im Sinne eines allgemeinen Gebots wechselseitiger Rücksichtnahme von Rundfunk- und Pressefreiheit hinausgehen. Die Entwicklung derartiger Kollisionsnormen ist nicht primär Aufgabe der Gerichte, sondern des Gesetzgebers.[20]

Dies wäre eine reflexive Form der Gewährleistung der Kompatibilität unterschiedlicher Grundrechte und Regulierungsregime in einer prinzipiell azentrischen Grundrechtsordnung jenseits der herkömmlichen Vorstellung von der „Einheit der Grundrechte". In der Sprache von Gunther Teubner müsste man sagen: Das Medienrecht richtet eine neuartige Regime-Kollision ein, die unterschiedliche, in den Grundrechten abgebildete Rationalitätsfragmente – private Presse und Verlagshäuser auf der einen Seite, öffentlich-rechtlicher Rundfunk auf der anderen Seite – im Medium der Internetkommunikation miteinander abzustimmen versucht. Das Recht richtet keine hierarchische Ordnung zwischen beiden Grundrechtsregimen ein, sondern beschränkt sich darauf, „zwischen fragmentierten Teilrechtsordnungen einen losen Zusammenhang herzustellen."[21] Durch eine solche Kollisionsordnung werden die Handlungsmöglichkeiten des öffentlich-rechtlichen Rundfunks mit denen der Verlagshäuser im Internet aufeinander eingestellt, indem durch eine „interkulturelle Kollision"[22] eine dauernde „Schwingung" zwischen beiden Polen der Beziehung zugelassen und diese zugleich in ihrer Bandbreite begrenzt wird. Zur Schaffung einer solchen Kollisionsordnung ist der Gesetzgeber auch verpflichtet. Er darf diese neuartige Konkurrenzsituation im Internet, gerade weil sie für die Entwicklung der neuen Netzöffentlichkeiten wesentlich ist, von Verfassungswegen nicht ungeregelt lassen. Ihn trifft in diesem Fall außerdem eine laufende Beobachtungs- und Nachbesserungspflicht.[23]

(dort auch zu den theoretischen Voraussetzungen des kollisionsrechtlichen Modells am Beispiels des „Europarechts als Kollisionsrecht").

[20] Ebd., S. 771, 773; vgl. auch *Ory*, Rundfunk und Presse im Internet, AfP 41 (2010), S. 20 ff.

[21] Vgl. nur *Fischer-Lescano/Teubner*, Regime-Kollisionen. Zur Fragmentierung des globalen Rechts, 2006, S. 57. Vgl. auch *Teubner*, Verfassungsfragmente. Gesellschaftlicher Konstitutionalismus in der Globalisierung, 2012, insb. S. 225 ff. (am Beispiel transnationaler Verfassungen).

[22] *Teubner* Verfassungsfragmente (Fn. 21), S. 242.

[23] *Ladeur* (Fn. 13), unter 5.

VI.

Zur Bedeutung der institutionellen Komponente der Pressefreiheit

Das Presserechtsmodell der „negativen" Ordnung, das verfassungsrechtlich in Art. 5 Abs. 1 Satz 2 GG verankert ist, ist als Institutionenschutz und damit als Schutz der Prozesshaftigkeit einer freien Presse,[24] als Schutz eines sich nach selbsterzeugten Regeln organisierenden öffentlichen Presseprozesses konzipiert. Die institutionelle Komponente des Grundrechtsschutzes der Pressefreiheit ist anders gesagt auf die Produktions- und Reproduktionsbedingungen der Presse als Medium der öffentlichen Meinungsbildung im Interesse der Erhaltung offener demokratischer Verkehrsformen bezogen und nicht auf eine rein wirtschaftlich zu verstehende verlegerische Entscheidungsfreiheit.[25] Dieser besondere institutionelle Schutz folgt aus dem grundsätzlich unterschiedlichen Charakter des Grundrechts der Meinungsfreiheit (Art. 5 Abs. 1 Satz 1 GG) einerseits und desjenigen der Pressefreiheit (Art. 5 Abs. 1 Satz 2 GG) andererseits: Während die Meinungsfreiheit letztlich der unmittelbaren Sphäre persönlicher (privater) Kommunikation im Medium der Lautsprache oder Schrift zuzuordnen ist, ist die Pressefreiheit als Medienfreiheit geschützt. Dieser Schutz umfasst nicht nur die Inhalte der presseförmigen Kommunikation im Sinne einer eigenständigen, gegenüber der personalen Kommunikation unterschiedenen medialen und öffentlichen Kommunikation, sondern den gesamten Prozess der Presseproduktion einschließlich seiner Vorbedingungen, Informationsbeschaffung und -verarbeitung sowie die verschiedenen daran beteiligten Funktionen und Personen, Herausgeber, Redakteure, Journalisten, Druckereien, Verbreitung und Vertrieb, Grossisten, Werbung, Leserbriefschreiber etc.[26] Auch die Nutzung des Internets, auch das Experimentieren mit neuen Gestaltungsmöglichkeiten jenseits der bloßen Zur-Verfügung-Stellung einer Tageszeitung als PDF oder Online-Ausgabe, werden von der Pressefreiheit geschützt.

Die wichtige Unterscheidung zwischen Meinungs- und Pressefreiheit und der Bezug letzterer zu einer sich selbst organisierenden Medienöffentlichkeit (samt der dazugehörigen privatwirtschaftlichen Strukturen) sind in der Rechtsprechung des Bundesverfassungsgerichts zwar prinzipiell anerkannt, kommen aber nicht immer klar zum Ausdruck. Das hat seinen Grund einerseits darin, dass in der älteren Rechtsprechung des Bundesverfassungsgerichts die Funktionalisierung der Presse-

---

[24] Vgl. *Ladeur* (Fn. 18), S. 255 ff., 262; vgl. auch *Ridder*, Meinungsfreiheit, in: Bettermann/Nipperdey/Scheuner, Die Grundrechte, Bd. II, 1968, 243 ff., 257; *ders.*, Die soziale Ordnung des Grundgesetzes, 1975, 87.

[25] Vgl. nur BVerfGE 10, 118, 121; 12, 113, 125; 20, 162, 174 ff.; 77, 346, 354; 95, 28, 35; 101, 361, 389 f.; dazu genauer *Ladeur* (Fn. 11), Rn. 1 ff., 30; aus der älteren Literatur vgl. nur *Scheuner*, Pressefreiheit, VVDStRL 22 (1965), 1 ff., 33, 64.

[26] St. Rspr. seit BVerfGE, 10, 118, 121; 12, 162, 176; dazu näher *Ladeur* (Fn. 11), Rn. 3, 21 ff.

freiheit für den Erhalt der Selbstorganisationsfähigkeit einer (politischen) Öffentlichkeit noch sehr stark mit der Notwendigkeit der Reproduktion der staatlichen Einheit gleichgesetzt wird. Diese Konzeption beerbt letzlich die Vorstellung einer um den Monarchen zentrierten repräsentativen Öffentlichkeit, wie sie in der Weimarer Republik mit Bezug auf die Grundrechte insbesondere in der Integrationslehre von Rudolf Smend ausformuliert worden war.[27] Dabei handelt es sich um eine äußerst ambivalente Konzeption institutioneller Freiheit. Diese kann rasch in eine Verstaatlichung der öffentlichen Sphäre umschlagen. Andererseits hat das Bundesverfassungsgericht später eine merkwürdig medienindifferente Rechtsprechung entwickelt, derzufolge eine Kommunikation unabhängig von dem Medium, in dem sie geäußert wird, immer als Meinungsäußerung im Sinne des Art. 5 Abs. 1 Satz 1 GG zu qualifizieren sei.[28] Diese Unterscheidung ist in einer jüngeren Entscheidung im Hinblick auf potentiell persönlichkeitsrechtsverletzende Kommunikationen innerhalb eines Internet-Diskussionsforums erneut aufgegriffen worden.[29] Wenn man diese zu schematische Zuordnung jedoch vermeidet und das Konzept der institutionellen Freiheit aus seiner Staatszentriertheit löst und es als Modell des Schutzes unpersönlicher Kommunikationsnetzwerke reformuliert, als Schutz eines offenen Systems „des Verkehrs zwischen unverbundenen Menschen",[30] dann erscheint der Gedanke des grundrechtlichen Institutionenschutzes für die Presse auch heute noch als produktiv und entwicklungsfähig.

Mit der Wahl dieses Bezugspunktes – Schutz der Reproduktion einer vom Staat unabhängigen (politischen) Öffentlichkeit – wird die Pressefreiheit mit einer öffentlichen Aufgabe verknüpft, nicht aber unmittelbar die private Presse zu einer Vorstrukturierungsleistung für die Reproduktion einer intakten Öffentlichkeit oder gar einer organisierten (staatlichen) Willensbildung verpflichtet. An der Selbstdefinition der Öffentlichkeit, der freien Wahl der Themen, Formen und Formate, am Schutz der verlegerischen Tendenzfreiheit und an der privatautonomen Regelbildung wird in der hier eingenommenen Lesart institutioneller Freiheit keineswegs gerüttelt; die Presse kann beispielsweise auch reine Unterhaltungspresse sein. Es ist nach dem hier skizzierten Modell einer „negativen" Presseordnung aber verfassungsrechtlich zulässig, dass der Gesetzgeber grundrechtsausgestaltende Maßnahmen zum Schutz einer für eine intakte (politische) Öffentlichkeit notwendigen Infrastruktur im Bereich der Presse ergreift und etwa den Schutz einer informierten Öffentlichkeit im lokalen, regionalen oder gesamtstaatlichen Raum zu seiner Aufgabe macht. Darüber hinaus ist im Modell der „negativen" Ordnung der Pressefrei-

---

[27] Vgl. *Smend*, Staatsrechtliche Abhandlungen und andere Aufsätze, 1968, S. 91 ff., 261 ff.

[28] BVerfGE 85, 1, 12 f.; 95, 28, 34; 97, 391, 400.

[29] BVerfG 1 BVR 2979/10 vom 17.9.2012, Absatz-Nr. 25.

[30] *Plessner* (Fn 4), S. 44; vgl. auch *Ridder*, Die soziale Ordnung des Grundgesetzes, 1975, 85, 90 („inpersonales Grundrecht").

heit eine Schutzpflicht des Gesetzgebers inkorporiert. Diese greift in dem Fall, in dem die Presse ihre Vorstrukturierungsleistung für die Reproduktion einer politischen Öffentlichkeit nicht mehr vollumfänglich erbringen kann. Dies schließt die Pflicht zur Pressesubventionierung zum Erhalt einer Vielfalt von Meinungen ein.[31] Ob etwa das Verbot presseähnlicher Angebote in § 11 d Abs. 2 Nr. 3 RStV im Kontext einer solchen Schutzpflicht gesehen werden muss, kann in unserem Zusammenhang dahingestellt bleiben. An der Zulässigkeit und Pflicht der gesetzgeberischen Begrenzung der Expansion des öffentlich-rechtlichen Rundfunks in das neue Netzwerk der Medien können aus presse(grund-)rechtlicher Sicht keine ernsthaften Zweifel bestehen.

Man wird § 11 d Abs. 2 Nr. 3 RStV daher im Lichte einer dynamisch zu verstehenden Pressefreiheit verfassungskonform auslegen müssen, d.h. die Norm über ihren Normzweck funktional interpretieren: Es geht bei § 11 d Abs. 2 Nr. 3 RStV um den institutionellen Schutz des Experimentierens der Presse mit neuen Formaten im Netz und den Erscheinungsformen, die der Online-Journalismus dort bereits gefunden hat. Dieses Experimentierfeld darf nicht durch eine extensive Expansion öffentlich-rechtlicher Telemedienangebote, die über einen von jedermann zu zahlenden „Beitrag" finanziert werden, verkleinert werden, weil dadurch eine mögliche wirtschaftliche Kompensationsstrategie der Tagespresse für ihre Verluste im herkömmlichen Geschäftsfeld des Zeitungsverkaufs aufs Spiel gesetzt würde. Es kommt im Fall der „presseähnlichen Angebote" also primär auf den Vorrang der freien Selbstorganisation der Presse in Form einer vom Staat unabhängigen, in der „Privatrechtsgesellschaft" (Franz Böhm) verankerten Grundrechtsausübung an und allenfalls sekundär auf die Verwendung von mehr oder weniger Text. Dieses Kriterium ist durchaus problematisch, weil es auf eine statische Sichtweise hinausläuft, die ein Angebot auf seine Textlastigkeit überprüft, was außerdem auch kaum praktikabel sein dürfte.

§ 11 d Abs. 2 Nr. 3 RStV ist also dahingehend auszulegen, dass eine aktuelle Tagesberichterstattung der öffentlich-rechtlichen Anstalten oder der ARD im Internet über die Reproduktion programmlicher Nachrichtensendungen hinaus unzulässig ist.[32] Eine solche Interpretation wird auch durch das vom Gesetzgeber verwendete Kriterium der „Sendungsbezogenheit" nahegelegt. Während ältere Fassungen des RStV Telemediendienste mit „vorwiegend programmbezogenem Inhalt" zugelassen haben bzw. seit dem 7. RÄndStV „programmbegleitend … Mediendienste mit

---

[31] Vgl. BVerfGE 80, 124, 133; *Ladeur* (Fn. 11), Rn. 6, 7, 30; *Hoffmann-Riem*, AK-GG, 3. Aufl. 2001, Art. 5 Abs. 1 Rn. 199.

[32] Vgl. *Ladeur* (Fn. 13), S. 4; vgl. auch *Gersdorf*, Presse (Fn. 11), 421 ff., 430 ff.; ähnlich auch *Gerhardt*, Presseähnliche Angebote nach dem 12. Rundfunkänderungsstaatsvertrag, AfP 2010, 16 ff.; anders etwa *Neuhoff*, Die Dynamik der Medienfreiheit am Beispiel von Presse und Rundfunk, ZUM 56 (2012), 371 ff.

programmbezogenem Inhalt",[33] setzt der jetzt vom Gesetzgeber verwendete Begriff die Grenze des Zulässigen gerade am Merkmal des Sendebezugs. Das legt die Auffassung nahe, eine Wiedergabe von gesprochenen Texten in Schriftform durchaus als zulässig anzusehen, aber keine darüber hinausgehende thematisch ergänzende oder einzelne Themen vertiefende Wort- oder Bildberichterstattung. Auch „Hintergrundinformationen" sind nur zulässig, soweit sie in der Sendung selbst Gegenstand der Berichterstattung sind. Ähnlich restriktiv ist auch das Bundesverfassungsgericht hinsichtlich der Zulässigkeit der Herausgabe gedruckter öffentlich-rechtlicher Zeitungen durch den öffentlich-rechtlichen Rundfunk verfahren.[34]

VII.

Zur Logik der positiven Rundfunkordnung

Die Ausgestaltung der Rundfunkfreiheit durch die Schaffung eines öffentlich-rechtlichen Rundfunks als Programmrundfunk war ursprünglich dem Schutz einer intakten Öffentlichkeit als unerlässliches Moment der Kultur der Demokratie und ihrer offenen Verkehrsformen geschuldet. Schon zwischen der auf dem Buchdruck basierenden und als Autobiografie und Bildungsroman aufkommenden modernen Literatur des 18. Jahrhunderts und der Idee der Demokratie kann man einen inneren Zusammenhang aufweisen: Mit Rousseau beginnt der Mensch zu lernen, in seinem Herzen zu lesen, aber seit Rousseau kann man den ganzen Menschen auch erst beurteilen, nachdem man ihn gelesen hat.[35] In einer durchaus vergleichbaren Weise bestand die Funktion der positiven Rundfunkordnung immer in der Reproduktion einer gemeinsame Themen bündelnden öffentlichen Meinung: Es wurde eine dynamische Beziehung zwischen der staatlichen „Öffentlichkeit" und einem „Öffentlichkeitsanspruch" gesellschaftlicher Gruppen eingerichtet, die als organisierte Subjekte jetzt selbst begannen, auf die Willensbildung des Staates Einfluss zu nehmen, d.h. anders als im Staatsrecht der konstitutionellen Monarchie der vorgeordneten Einheit des Staatswillens nicht mehr einfach untergeordnet waren. Nach dem Wegfall der Autoritäten des Kaiserreichs sollten offene experimentelle und pluralistische Formen der Ordnungsbildung an die Stelle stabiler Verhältnisse und Gewissheiten treten. Die öffentliche Meinung wurde im gruppenpluralistischen Modell daher als Resultante der Repräsentation gruppenbezogener Meinungen und Interessen gedacht, das gruppenpluralistische Modell der „positiven" Rundfunkordnung zielte anders gesagt darauf ab, die Integrität der öffentlichen Meinungsbildung nach dem Aufstieg der Massenmedien dadurch zu gewährleisten, dass eine

---

[33] Vgl. etwa *Held*, in: Hahn/Vesting (Fn. 12), § 11 d Rn. 7, 8.

[34] Vgl. BVerfGE 83, 238, 313; vgl. auch *Wellenreuther*, Presseähnliche Telemedien öffentlich-rechtlicher Rundfunkanstalten, 2011, S. 153 (mit anderem Ergebnis als hier).

[35] Vgl. *Lüdemann*, Jacques Derrida zur Einführung, 2011, 91, 92.

mit den Mitteln des öffentlichen Rechts bereitgestellte Form, die öffentlich-rechtliche Anstalt, sich für ein neuartiges soziales Wissen öffnet, nämlich für ein Wissen, das durch gruppenbasierte Wahrscheinlichkeitsannahmen, Weltbilder und Interessen geprägt ist.

Dieses, auch von der Rechtsprechung des Bundesverfassungsgerichts später akzeptierte binnenpluralistische Modell geriet aber schon mit dem Übergang zur dualen Rundfunkordnung in schweres Fahrwasser. Denn die duale Rundfunkordnung basiert auf der Hereinnahme einer dem gruppenpluralistischen Modell widersprechenden Handlungslogik: Weil der private Rundfunk in seinem Handeln viel unmittelbarer spezifisch medienwirtschaftlichen und kulturökonomischen Zwängen folgt als es das Modell der gruppenpluralistischen Rundfunkordnung je vorgesehen hatte, laboriert das Rundfunkrecht bis heute an den Folgen einer letztlich nicht bewältigten Komplexitätssteigerung. Diese versucht das Bundesverfassungsgericht durch eine hierarchische Opposition von öffentlich-rechtlichem und privatem Rundfunk zu lösen. Der öffentlich-rechtliche Rundfunk gilt im dualen System als eine Art „Ausfallbürgschaft" und normativ als maßstabbildend. Insbesondere an das öffentlich-rechtliche Programm werden „besondere normative Erwartungen" adressiert.[36] Diese Konstruktion geht aber daran vorbei, dass sich mit der Zulassung des privaten Rundfunks auch die Produktions- und Reproduktionsbedingungen des öffentlichen-rechtlichen Rundfunks grundlegend verändert haben: Der öffentlich-rechtliche Programmundfunk *muss* heute in einem einheitlichen Rundfunkmarkt und damit in einer Wettbewerbsbeziehung zum privaten Rundfunk agieren. Dieser Wettbewerb wird aber keineswegs primär über die verfassungsrechtliche Erwartung an ein qualitativ höherwertiges Programm, sondern zumindest auch durch medienökonomische und spezifisch medienkulturelle Parameter bestimmt, mit der Folge, dass der öffentlich-rechtliche Rundfunk sein Programm – das gilt insbesondere während der Prime Time – den Zwängen einer neuartigen ereignisbasierten Unterhaltungsöffentlichkeit hat anpassen müssen. „In den glorreichen Zeiten der Vollprogrammsender schufen die von einer großen Zuschauermenge angeschauten gleichen Programme soziale Bindungen. Heute sind die von den Medien geschaffenen sozialen Bindungen viel diskontinuierlicher und richten sich nach dem Rhythmus der Ereignisse."[37] Dieser Rhythmus der meist personalisierten Medienereignisse (Wulff, Brüderle, Schavan, Hoeneß etc.) hat längst auch die Informationsberichterstattung des öffentlich-rechtlichen Rundfunks im engeren Sinne erfasst.

---

[36] BVerfGE 119, 181, 217.
[37] Vgl. *Kaufmann*, Wenn ich ein anderer ist, 2010, S. 183.

VIII.

Zu den Grenzen der traditionellen Ausgestaltung der Rundfunkfreiheit im neuen Netzwerk der Medien

Mit dem Aufstieg des Internets ist ein „Meta-Medium jenseits aller bisher bekannten Medien" entstanden,[38] dessen vielleicht signifikanteste Eigenschaft darin besteht, alle bisher bekannten Medien in einer universalen diskreten Maschine zu integrieren und als Einzelmedien in einer neuartigen kybernetischen Breitbandumwelt von technologisch offenen Objekten potentiell ununterscheidbar zu machen.[39] Damit einhergehend vollzieht sich ein erneuter grundlegender Wandel der Formen der Öffentlichkeit: Der Übergang zu einer neuartigen Kultur der Netzwerke transformiert das herkömmliche Rundfunkprogramm zu einem Knoten in einem Netzwerk aus Medien. Darauf hat der öffentlich-rechtlichen Rundfunk schon seit längerem mit einer Vielzahl von Programmschienen reagiert,[40] der Transformation des Gesamtprogramms in ein „Netzwerk aus Nischenmedien"[41]. Diese Nischenkultur ist im öffentlich-rechtlichen Radio, in der Durchformatierung der jeweiligen Senderketten, noch weiter als im öffentlich-rechtlichen Fernsehen fortgeschritten.[42]

Schon diese wenigen Überlegungen sprechen ganz entschieden dagegen, das gruppenpluralistische Modell eines vielfältigen Gesamtprogramms unreflektiert auf das neue Netzwerk der Medien zu übertragen. Man kann die Tagesschau-App als Telemedium verfassungsrechtlich zwar dem Rundfunk und der damit verbundenen Ausgestaltungsermächtigung des Rundfunkgesetzgebers zuordnen. Es ist durchaus richtig, an der im Medienrecht bis heute umstrittenen, jedoch vom Bundesverfassungsgericht immer wieder bestätigten Unterscheidung von Ausgestaltungs- und Eingriffsgesetzgebung auch in Zukunft festzuhalten.[43] Angesichts der relativen Armut an qualitativen hochwertigen und eigens für die Internetkommunikation produzierten Inhalten und angesichts der im Internet weit verbreiteten Trittbrettfahrerkultur, die alle traditionellen Medien und ihre Finanzierungsmodelle unter Druck setzt,[44] dürfte die Bedeutung der gesetzgeberischen Ausgestaltung der Medienfreiheiten zum Zwecke der Sicherung der Selbstproduktion von Vielfalt in den

---

[38] *Vesting*, Der Medienbruch, Funkkorrespondenz 30 (2010), S. 35 ff., 38; zu den neuartigen Eigenschaften der Internetkommunikation zuletzt *Hoffmann-Riem*, Regelungsstrukturen für öffentliche Kommunikation im Internet, AöR 137, 2012, S. 509 ff.

[39] Vgl. nur *Hörl*, Die technologische Bedingung, in: ders., Die technologische Bedingung, 2011, S. 7 ff.

[40] Vgl. *Vesting* (Fn. 38), S. 35 ff.; *Ladeur*, Der hybride Charakter, Funkkorrespondenz 30 (2011), S. 3 ff.

[41] *Ladeur* (Fn. 13), unter 2.

[42] Vgl. dazu *Hagen*, Das Radio, 2005, 336 ff.

[43] Vgl. BVerfGE 57, 295, 320 ff; 73, 118, 153; vgl. dazu nur *Hoffmann-Riem* (Fn. 8), 509 ff., 523 ff.; *Schulze-Fielitz*, in: Dreier (Fn. 11), Rn. 127, 215.

[44] Vgl. *Ladeur* (Fn. 17), S. 420 ff.

neuen Kommunikationsräumen des Internet in Zukunft eher zunehmen. Das hat sich in jüngerer Zeit beispielsweise im Fall des neuen Leistungsschutzrechts der Presseverlage gegenüber der Verwertung ihrer Produkte durch Suchmaschinen (Google) gezeigt.[45] Es ist auch vorstellbar, dass der Gesetzgeber dem öffentlich-rechtlichen Rundfunk bei dieser Vielfaltssicherung im Internet eine besondere kommunikative Rolle zuweist, zumal die generelle Präsenz des öffentlich-rechtlichen Rundfunks im Netz nicht strittig sein kann.

Im Unterschied zu den Stimmen in der Literatur, die den öffentlich-rechtlichen Online-Journalismus mehr oder weniger pauschal der Rundfunkfreiheit unterordnen oder ihn gar der herkömmlichen Bestands- und Entwicklungsgarantie des öffentlich-rechtlichen Programmrundfunks zuordnen wollen,[46] muss aber heute zwischen Programmrundfunk und Netzkommunikation unterschieden werden. Ein solcher Ansatz ist besser auf die Grenzen des gruppenpluralistischen Rundfunkrechts und sein Modell einer positiven Rundfunkordnung abgestimmt. Er entspricht der Aufspaltung der Regulierungsregime des Rundfunkstaatsvertrages, und er ist auch verfassungsrechtlich tragfähiger. Denn all die Rechtfertigungen, die in Literatur und Rechtsprechung in der Vergangenheit für die Notwendigkeit der Schaffung einer positiven Rundfunkordnung entwickelt worden sind – zunächst die technische und ökonomische „Sondersituation"[47] des Rundfunks und sodann seine besondere „Breitenwirkung, Aktualität und Suggestivkraft"[48] – lassen sich auf die Online-Angebote im neuen Netzwerk der Medien nicht so ohne weiteres übertragen. Die Idee einer positiven Rundfunkordnung bleibt gültig, solange das Internet lediglich als technisches Verbreitungsmedium benutzt wird, aber gerade der Aufstieg der „interaktiven" Foren im Internet – die neuen sozialen Medien wie Facebook oder Twitter, der Austausch nicht-professioneller Angebote via YouTube, ganze Reihen von *chats* und *blogs* – haben mit dem ursprünglichen Programmrundfunk nichts mehr zu tun. Der Riss zur Welt der gruppenpluralistischen Massenkommunikation ist so tief wie einst Thomas Manns Brunnen der Vergangenheit. Dieser Bruch, diese Diskontinuität, darf auch im vorliegenden Fall der Tagesschau-App nicht einfach durch eine unbedachte extensive Interpretation der Rundfunkfreiheit (Art. 5 Abs. 1 Satz 2 GG) novelliert werden.

Die hier vertretene Interpretation von § 11 d Abs. 2 Nr. 3 RStV geht im Fall der Tagesschau-App zu Lasten des öffentlich-rechtlichen Rundfunks. Das ist nicht paradox. Gerade wenn man die Notwendigkeit einer staatlichen Beobachtung und Regulierung der Evolution der neuen Mediennetzwerke betont und auch den Ein-

---

[45] Vgl. *Ladeur*, ebd.

[46] So etwa *Papier/Schröder* (Fn. 9); zurückhaltend jedoch *Eifert*, in Hahn/Vesting (Fn. 12), § 11 a Rn. 7.

[47] Vgl. BVerfGE 12, 205, 161.

[48] Vgl. BVerfGE 90, 60, 87; 114, 371, 387; 119, 181, 215; differenzierend jetzt *Hoffmann-Riem* (Fn. 8), S. 509 ff., 524, 525; vgl. auch *Lenski* (Fn. 7), 465 ff., 478 ff., 481 ff.

satz öffentlich-rechtlicher Organisations- und Handlungsformen im neuen Netzwerk der Medien grundsätzlich befürwortet, bedarf es der Entwicklung eines „Intermedienkollisionsrechts", einer Ausgestaltung zweiter Ordnung, nämlich einer Ausgestaltung, die die Konvergenzbewegung der verschiedenen Medien in die neue Netzwerkkultur einreguliert und die Konflikte und Kollisionen zwischen ihnen aufeinander abstimmt. Die Tagesschau-App, und der daraus resultierende Konflikt zwischen privater Presse und öffentlich-rechtlichem Rundfunk, sind ein Beispiel dafür, dass es dazu auch weiterer gesetzgeberischer Anstrengungen bedarf. Die Regelungen des Rundfunkstaatsvertrages, der Drei-Stufen-Test (§ 11 f RStV) und das kaum oder schwer operationalisierbare Verbot presseähnlicher Telemedienangebote, können nicht das letzte Wort sein. Man kann deshalb im Ergebnis erhebliche Zweifel haben, ob § 11 d Abs. 2 Nr. 3 RStV den verfassungsrechtlichen Anforderungen an eine kollisionsrechtliche Ausgestaltung der neuen Konkurrenz von Presse und Rundfunk genügt. Ebenso wie der Drei-Stufen-Test in § 11 f RStV bleibt die Verfassungsmäßigkeit dieser Vorschrift zweifelhaft.[49] Eine pragmatische Reaktion auf diese Ausgangslage könnte in der hier vorgeschlagenen restriktiven funktionalen Interpretation des Begriffs des „presseähnlichen Angebots" liegen. Diese Interpretation würde der ARD nur eine schlanke Form von tagesschau.de und Tagesschau-App erlauben. Demgegenüber geht die jetzige Gestaltung von tagesschau.de und Tagesschau-App über das gesetzlich zulässige Maß hinaus.

---

[49] Vgl. *Ladeur*, Zur Verfassungswidrigkeit der Regelung des Dreistufentests für Online-Angebote des öffentlich-rechtlichen Rundfunks nach § 11 f RStV, ZUM 2009, 906 ff.

KURZBIOGRAPHIE

PROF. DR. THOMAS VESTING

1979-1984 Studium der Rechts- und Politikwissenschaft
an der Universität Tübingen

1984-1987 Stipendiat des evangelischen Studienwerks Villigst

1989 Promotion an der Universität Bremen

1991-1994 Wiss. Mitarbeiter am Hans-Bredow-Institut
für Rundfunk und Fernsehen an der Universität Hamburg

1996 Habilitation an der Universität Hamburg

1994-1996 Gastprofessur an der Humboldt-Universität zu Berlin

1996 Lehrstuhlvertretung an der Universität Augsburg

seit WS 1996/1997 Inhaber des Lehrstuhls für Öffentliches Recht
an der Universität Augsburg

2000/2001 Jean Monnet-Fellowship am Robert Schumann Centre
for Advanced Studies, Europäisches Hochschulinstitut Florenz

seit WS 2002 Inhaber der Professur für Öffentliches Recht, Recht und Theorie
der Medien an der Johann Wolfgang Goethe-Universität in Frankfurt am Main

2004/2005 Fellow am Wissenschaftskolleg zu Berlin

BISHERIGE VORTRÄGE
DES „KARLSRUHER DIALOG ZUM INFORMATIONSRECHT"
SEIT 2009

Prof. Dr. Andreas Voßkuhle
Präsident des Bundesverfassungsgerichts/Albert-Ludwigs-Universität Freiburg
„Ist Wissen Macht? Der Wissensstaat"

Prof. Dr. Stefan Bechtold, J.S.M. (Stanford Law School)
ETH Zürich
„Die Regulierung von IT-Sicherheit im Schnittfeld von Recht, Ökonomie
und Psychologie"

Dr. Anja Mengel, LL.M. (Columbia Univ.)
Partnerin Altenburg Fachanwälte für Arbeitsrecht, Berlin
„Aktuelles zum Arbeitnehmerdatenschutz – politische Glasperlenspiele?"

Dr. Niels Petersen, M.A. (Columbia Univ.)
Max-Planck-Institut zur Erforschung von Gemeinschaftsgütern, Bonn /
New York University, New York City
„Informationsgewinnung als Methodenproblem –
braucht die Rechtswissenschaft eine empirische Wende?"

Thorsten Feldmann
Partner JBB Rechtsanwälte, Berlin
„spickmich.de und die Folgen: Regulierung von Medieninhalten
durch das Bundesdatenschutzgesetz?"

Sven Marx
Gesellschaft für Telematikanwendungen der Gesundheitskarte mbH
„Die elektronische Gesundheitskarte als Instrument des Selbstdatenschutzes –
Rechtlicher Rahmen, technische Lösungen und Perspektiven"

Prof. Dr. Friedrich Schoch
Albert-Ludwigs-Universität Freiburg
„Neuere Entwicklungen im Verbraucherinformationsrecht"

Bettina Robrecht
SCHUFA Holding AG, Wiesbaden
„Das SCHUFA-Verfahren im Lichte der BDSG-Novelle 2009"

Prof. Dr. Christian Kirchberg
Kanzlei Deubner & Kirchberg, Karlsruhe
„Der Fall Brender und die Aufsicht über den öffentlich-rechtlichen Rundfunk"

Per Meyerdierks
Google Germany GmbH, Hamburg
„Folgen datenschutzrechtlicher Dogmen – Einige Beispiele aus der Praxis“

Prof. Dr. Dan Wielsch, LL.M. (Berkeley)
Universität zu Köln
„ „Corpus iuris Googliensis“: Zur privatrechtlichen Konstruktion von Zugangsregeln durch Intermediäre“

Martin Schallbruch
Bundesministerium des Inneren, Berlin
„Schutz der Bürger in der Informationsgesellschaft: Sichere Identitäten und Schutz informationstechnischer Systeme“

PD Dr. Kai von Lewinski
Humboldt-Universität zu Berlin
„Datenflut – Informationsrecht als Deich, Damm, Kanal oder Rettungsring?“

Prof. Dr. Martin Senftleben
Freie Universität Amsterdam
„Schutz Geistigen Eigentums als Entwicklungshemmnis? – Internationale Rechtsdurchsetzung nach ACTA und die Belange der Entwicklungsländer“

Dr. Margrit Seckelmann, M.A. (FU Berlin)
Deutsches Forschungsinstitut für öffentliche Verwaltung, Speyer / DHV Speyer
„Informationen durch Benchmarking – die Leistungsvergleiche nach Art. 91d GG“

Prof. Dr. Thomas Fetzer, LL.M. (Vanderbilt)
TU Dresden
„Breitbandinternetausbau und Investitionsanreize in der sektorspezifischen Telekommunikationsregulierung“

Prof. Dr. Ralf B. Abel
Kanzlei Abel, Hamburg, und FH Schmalkalden (em.)
„Die EU-Datenschutz-Grundverordnung – Meilenstein oder Monstrum?“

Prof. Dr. Thomas Vesting
Goethe-Universität Frankfurt am Main
„Die Tagesschau App und die Notwendigkeit der Schaffung eines ‚Intermedienkollisionsrechts‘ “

Dr. Alexander Dix
Berliner Beauftragter für Datenschutz und Informationsfreiheit
"Datenschutz und transatlantische Freihandelszone“

ZAR | Karlsruher Dialog zum Informationsrecht

ISSN 2194-2390

Karlsruher Institut für Technologie (KIT),
Zentrum für Angewandte Rechtswissenschaft
Indra Spiecker gen. Döhmann (Hrsg.)

Die Bände sind unter www.ksp.kit.edu als PDF frei verfügbar
oder als Druckausgabe bestellbar.